Die Himmelskarten für Südeuropa
Seite 110: Bei Reisen in den Mittelmeerraum kann man in Südrichtung Sterne sehen, die von unseren Breiten aus unsichtbar bleiben. Die Karten zeigen diesen Anblick in Zweimonatsschritten um Mitternacht. Schaut man vier Stunden früher an den Himmel, kann man die vorherige Karte nutzen.

Die Symbole zur Orientierung am Himmel

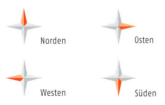

Auf einen Blick

Unsere Sternbilder

Bearbeitet von
Michael Vogel

Inhalt

Das Himmelsgewölbe	6
Der Jahreslauf	7
Die Sternbilder	8
Zirkumpolarsterne und Ekliptik	9
Mond und Planeten	10
Sterne und Galaxien	11

Sternbilder in Mitteleuropa

Giraffe	15	Drache	39
Kleiner Löwe	17	Nördliche Krone	41
Großer Hund	19	Rabe	43
Orion	21	Sextant	45
Kleiner Bär	23	Jagdhunde	47
Haar der Berenike	25	Herkules	49
Luchs	27	Waage	51
Kleiner Hund	29	Jungfrau	53
Großer Bär	31	Kepheus	55
Rinderhirte	33	Leier	57
Becher	35	Schild	59
Löwe	37	Schlange	61

Eidechse	63	Fuhrmann	87
Schwan	65	Stier	89
Füchschen	67	Wassermann	91
Schlangenträger	69	Delfin	93
Kassiopeia	71	Andromeda	95
Pegasus	73	Zwillinge	97
Steinbock	75	Hase	99
Adler	77	Fische	101
Dreieck	79	Perseus	103
Widder	81	Krebs	105
Füllen	83	Einhorn	107
Pfeil	85	Walfisch	109

Sternbilder in Südeuropa

Hinterdeck	111	Schütze	117
Wasserschlange	113	Südlicher Fisch	119
Skorpion	115	Fluss Eridanus	121

Zeittafel Himmelskarten	122
Zum Weiterlesen	124

Das Himmelsgewölbe
Eine Halbkugel, die am Horizont endet

Blickt man an den Nachthimmel, so ist die Vorstellung unserer Vorfahren von der Erde als Scheibe, über die sich der Himmel wie eine Käseglocke stülpt, gar nicht so falsch. An dieser Himmelshalbkugel scheinen die Gestirne befestigt zu sein.
Im Lauf einer Nacht wandern alle Sterne, aber auch Mond und Planeten, von Osten nach Westen. Im Süden erreichen sie ihre größte Höhe. Dabei drehen sie sich scheinbar um den Himmelspol im Norden, in dessen Nähe der Polarstern steht. Die scheinbare Wanderung ist eine Folge der Erdrotation: Unser Planet dreht sich in 23 Stunden 56 Minuten einmal um seine Achse.

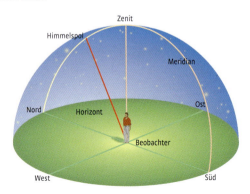

Der Jahreslauf
Jahreszeiten haben ihre typischen Sternbilder

Jede Nacht gehen die Sterne vier Minuten früher auf. Vom einen auf den anderen Abend fällt das zwar nicht besonders auf, aber im Lauf eines Monats summiert sich diese Verschiebung auf zwei Stunden. Diese Verschiebung kommt dadurch zustande, dass die Erde um die Sonne wandert. Man teilt die Sternbilder daher in Frühlings-, Sommer-, Herbst- und Wintersternbilder ein. Nach einem Jahr sind die Verhältnisse wieder ausgeglichen, da sich die monatliche Verschiebung dann zu einem ganzen Tag addiert hat.

Die Sternbilder
Der Himmel ist in 88 Sternbilder aufgeteilt

Schon seit mehreren tausend Jahren haben Menschen auffällige Sternanordnungen zu Sternbildern zusammengefasst und meist mythologisch gedeutet. Jene Sterne, die die Menschen dabei zu Sternbildern gruppierten, haben nichts miteinander zu tun, weil sie in ganz unterschiedlichen Entfernungen von uns stehen. Seit 1930 ist der gesamte Himmel verbindlich und lückenlos in 88 Sternbilder eingeteilt, die 54 wichtigsten werden in diesem Buch vorgestellt. Helle Sterne tragen Eigennamen oder griechische Buchstaben als Bezeichnung, schwache nur Nummern.

Das Wintersternbild des Orion

Zirkumpolarsterne und Ekliptik
Ganzjährig sichtbare Sterne und scheinbare Sonnenbahn

Außer von einem Standort am Erdäquator kann man im Lauf eines Jahres immer nur eine Himmelshälfte vollständig und einen Teil der anderen sehen. An den Polen der Erde gehen die Sterne nie unter, sie sind zirkumpolar. Reist man auf der Erde vom Pol zum Äquator, nimmt die Zahl der zirkumpolaren Sterne ab. Da die Erde um die Sonne wandert, sieht es für uns so aus, als ob die Sonne im Lauf eines Jahres einen Kreis am Himmel beschreiben würde. Man nennt diesen Kreis Ekliptik. Die Sonne wandert auf der Ekliptik durch die Tierkreissternbilder.

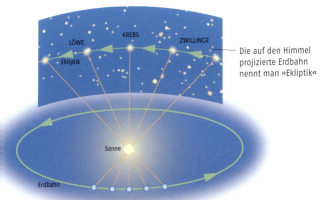

Die auf den Himmel projizierte Erdbahn nennt man »Ekliptik«

Mond und Planeten
Sie bringen Bewegung in den Anblick des Sternhimmels

Anders als die Sterne stehen uns der Mond und die Planeten so nahe, dass sich ihre Bewegung im All merklich auf ihre Position am Himmel auswirkt. Daher sind sie auf den Sternkarten nicht verzeichnet. Der Mond wandert in rund einem Monat einmal um die Erde. Die Planeten benötigen für einen Umlauf um die Sonne deutlich länger. Mond und Planeten findet man immer in der Nähe der Ekliptik. Fünf Planeten sind bereits mit bloßem Auge zu sehen: Merkur, Venus, Mars, Jupiter und Saturn.

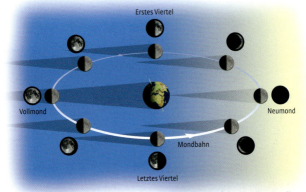

Durch den Lauf des Mondes um die Erde entstehen die Mondphasen.

Sterne, Sternhaufen und Galaxien
Was es noch zu beobachten gibt

Rund 6000 Sterne sind von der Erde aus zu sehen. Sie gehören alle zur Milchstraße, unserer Heimatgalaxie, die als schwaches Band am Himmel leuchtet. Manche Sterne bilden Doppelsysteme, manche ändern ihre Helligkeit und manche gehören zu größeren Sternansammlungen, den offenen oder Kugelsternhaufen. Viele Sterne stoßen gegen Ende ihres Lebens Materie ab, die dann als Planetarische Nebel leuchten. Gasnebel sind dagegen die Geburtsstätten der Sterne. Doch im All gibt es nicht nur unsere eigene Milchstraße, sondern viele weitere Welteninseln, die Galaxien.

Balkenspiralgalaxie

Die Sternbilder

Giraffe
Januar: Norden

Die Giraffe ist ein zirkumpolares Sternbild und somit das ganze Jahr über zu sehen. Das recht große Sternbild enthält nur lichtschwache Sterne und ist deshalb nur schwer am Himmel zu finden.

Relativ eingängige Figur mit langem Hals und zwei Beinen

Kopf der Giraffe

Offener Sternhaufen NGC 1502

Kleiner Löwe
Januar: Osten

Der Kleine Löwe liegt zwischen dem Großen Bären und dem Löwen. Die schwachen Sterne des Sternbilds sind nicht sehr einprägsam. Der polnische Astronom Johannes Hevelius führte das Sternbild erst 1687 ein.

Vier schwache Sterne bilden eine Zickzacklinie, die die Figur repräsentiert.

Spiralgalaxie NGC 3344

Algol

PERSEUS

Plejaden

Goldenes Tor

ERIDANUS

Großer Hund
Januar: Süden

Der Große Hund ist ein klassisches Wintersternbild, das sich links unterhalb des Orions befin-
det. Bereits die Babylonier sahen in der Figur
einen Hund, der den Himmelsjäger Orion begleitet.

Sirius ist der
hellste Stern
des Himmels.

Offener Stern-
haufen M 41

Der Große Hund enthält mehrere helle Sterne,
die durch die Horizontnähe des Sternbilds aber
nicht so zur Geltung kommen.

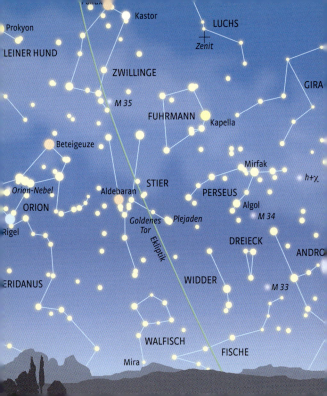

Orion
Januar: Westen

Der Orion gilt als das schönste Wintersternbild und besteht aus sehr hellen Sternen. In der griechischen Mythologie ist Orion ein Jäger, der mit seinen Hunden auf der Jagd ist (Großer Hund: s. S. 19, Kleiner Hund: s. S. 29).

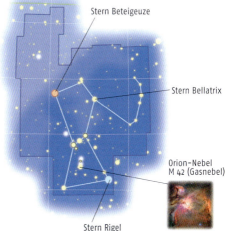

Stern Beteigeuze

Stern Bellatrix

Orion-Nebel M 42 (Gasnebel)

Stern Rigel

Kleiner Bär
Februar: Norden

Der Kleine Bär geht in Mitteleuropa nie unter. In ihm steht der Polarstern. Da seine helleren Sterne in der Form eines Wagens angeordnet sind, heißt das Sternbild in Europa auch Kleiner Wagen.

Polarstern

Sieben Sterne bilden den »Kleinen Wagen«.

23

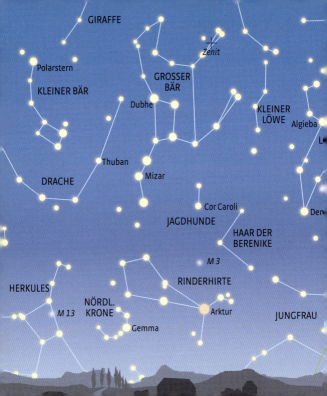

Haar der Berenike
Februar: Osten

Das Frühlingssternbild Haar der Berenike ist ein kleines, unauffälliges Sternbild. In der Mythologie opferte die ägyptische Königin Berenike ihr langes, wallendes Haar den Göttern dafür, dass ihr Gemahl Ptolemäus III. Euergetes unversehrt heimgekehrt war.

Der Coma-Haufen ist einer der größten und hellsten Sternhaufen des Nordhimmels.

Spiralgalaxie M 64

Dreieckige Figur

M 67

WASSER-SCHLANGE

Regulus

BECHER

RABE

Luchs
Februar: Süden

In Mitteleuropa ist der Luchs fast vollständig zirkumpolar, also das ganze Jahr über zu sehen. Das Sternbild ist recht groß, hat aber keine hellen Sterne, weshalb es am Himmel nicht ins Auge fällt.

Lange Kette aus schwachen Sternen

Spiralgalaxie NGC 2683

27

Kleiner Hund
Februar: Westen

Das kleine Sternbild fällt vor allem wegen des Prokyons auf: Er ist der achthellste Stern des Himmels. In der griechischen Mythologie begleitet er gemeinsam mit dem Großen Hund den Himmelsjäger Orion.

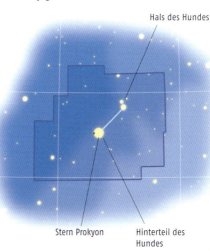

Hals des Hundes

Stern Prokyon

Hinterteil des Hundes

Großer Bär
März: Norden

Der Große Bär ist ein großes Sternbild mit vielen hellen Sternen. Er ist das ganze Jahr über zu sehen. In Europa sind die sieben hellsten Sterne der Figur auch als Großer Wagen bekannt, in Amerika als Große Schöpfkelle.

Doppelstern Mizar/Alkor

Galaxie M 81

Kopf des Bären

RINDERHIRTE

HERKULES

Wega

LEIER

SCHWAN

Sieben helle Sterne bilden den »Großen Wagen«.

Tatzen des Bären

31

Rinderhirte
März: Osten

Im Rinderhirten sehen manche eine Eistüte, andere einen Kinderdrachen, dessen unteres Ende von Arktur markiert wird. Arktur ist der vierthellste Stern des Himmels und leuchtet deutlich rot.

Markante Figur, die an einen Kinderdrachen erinnert

Stern Arktur

Spiralgalaxie NGC 5248

33

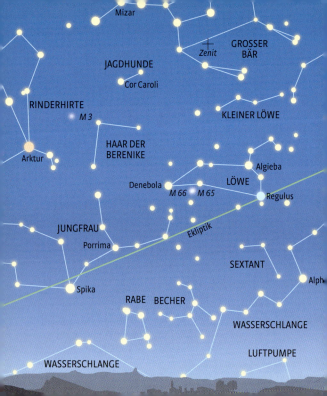

Becher
März: Süden

Der Becher liegt südlich der Jungfrau und steigt am mitteleuropäischen Himmel nicht sehr hoch über den Horizont. Zwar ist in der Figur relativ leicht ein kelchartiges Gefäß zu erkennen, aber die Sterne des Sternbilds sind recht schwach.

Kelchartige Figur

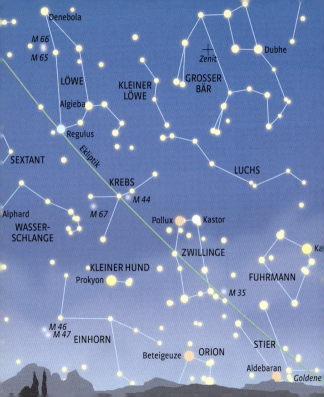

Löwe
März: Westen

Das Tierkreissternbild Löwe besteht aus zwei Trapezen, wobei das kleinere am Stern Algieba des größeren Trapezes ansetzt. In der griechischen Mythologie besitzt der nemeische Löwe ein Fell, das so hart ist, dass jede Waffe an ihm abprallt.

Galaxienpaar M 65/M 66

Drache
April: Norden

Der Drache schlängelt sich zwischen Kleinem und Großem Bär hindurch und beschreibt dabei fast einen Halbkreis. Sein trapezförmiger Kopf ist markant, aber die Kontur seines Körpers verliert sich leicht zwischen den Sternen.

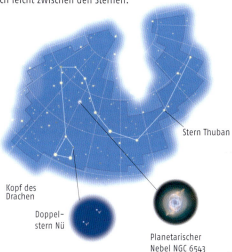

Stern Thuban

Kopf des Drachen

Doppelstern Nü

Planetarischer Nebel NGC 6543

Nördliche Krone
April: Osten

Sieben Sterne bilden die halbkreisförmige Figur der Nördlichen Krone, einer von ihnen ist recht hell und heißt Gemma. Das Sternbild war bereits in der Antike bekannt und stellt die Krone der Königstochter Ariadne dar.

Stern Gemma

halbkreisförmige Figur

Rabe
April: Süden

Der Rabe hat vier mittelhelle Sterne, die ein kleines Trapez bilden. In der griechischen Mythologie schickte Apollo den Raben mit dem Becher (s. S. 35) zu einer Quelle, damit er Wasser holt.

Galaxienpaar NGC 4038-4039

Trapezförmige Figur

43

Sextant
April: Westen

Der Sextant ist das dritte kleine Sternbild, das zwischen Wasserschlange, Jungfrau und Löwe liegt. Bei einem Sextanten handelt es sich um ein Instrument, mit dem sich die Positionen der Sterne bestimmen lassen.

Figur aus drei schwachen Sternen

Galaxie NGC 3115

45

Jagdhunde
Mai: Norden

Der nördliche Teil des kleinen Sternbilds Jagdhunde ist in Mitteleuropa zirkumpolar. Es enthält nur einen helleren Stern: Cor Caroli ist eine Referenz an König Charles I. von England. Der polnische Astronom Johann Hevelius hat die Jagdhunde 1687 eingeführt.

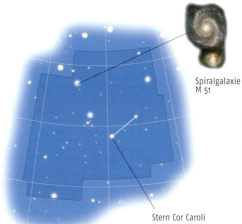

Spiralgalaxie M 51

Stern Cor Caroli

Herkules
Mai: Osten

Der Herkules enthält keine wirklich hellen Sterne, weshalb er nur bei dunklem Himmel gut zu sehen ist. Er war ein unehelicher Sohn des Zeus. Dank seiner Kraft und seiner Schlauheit gelang es ihm, zwölf Aufgaben zu bewältigen, die eigentlich als unlösbar galten.

Kugelsternhaufen M 13

Trapezförmiger Bereich, der Bauch und Lenden markiert

Kopf

Waage
Mai: Süden

Die Waage ist ein Tierkreissternbild. Sie steht als Sinnbild für die Gerechtigkeit und enthält keine auffälligen Sterne. Von Mitteleuropa aus ist sie vor allem in den Abendstunden des Mai und Juni gut zu beobachten.

Figur erinnert an eine Balkenwaage mit Waagschalen

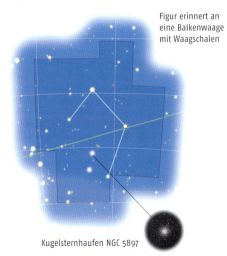

Kugelsternhaufen NGC 5897

Jungfrau
Mai: Westen

Die Jungfrau ist ein Tierkreissternbild und im Frühling besonders gut zu beobachten. Das Sternbild ist recht weitläufig, besitzt aber keine markante Figur. In der Jungfrau liegen sehr viele Galaxien, die aber nur mit dem Fernrohr zu sehen sind.

Stern Spika

Spiralgalaxie M 104

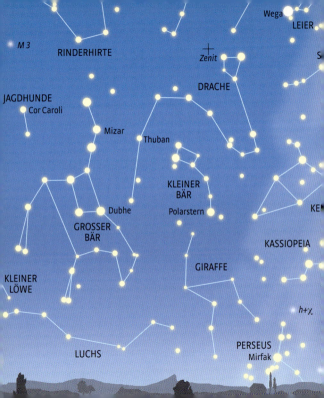

Kepheus
Juni: Norden

Der Kepheus ist zirkumpolar, also das ganze Jahr über zu sehen. Das Sternbild ist nicht sehr auffällig, weil es nur einen helleren Stern enthält. In der griechischen Mythologie ist Kepheus der König von Äthiopien.

Markante Figur aus schwächeren Sternen

Tiefroter Stern Mü

Offener Sternhaufen IC 1396 (mit rotem Gasnebel)

55

SCHLANGEN-
TRÄGER

SCHILD

STEINBOCK

Ekliptik

Leier
Juni: Osten

Die Leier ist relativ klein, weist aber eine markante rautenförmige Figur auf. Als klassisches Sommersternbild steht sie im Juli gegen Mitternacht hoch im Süden. Die Wega ist der fünfthellste Stern des Nachthimmels.

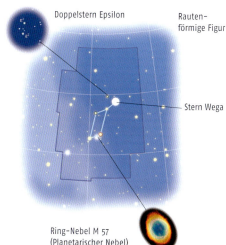

Doppelstern Epsilon

Rautenförmige Figur

Stern Wega

Ring-Nebel M 57
(Planetarischer Nebel)

Schild
Juni: Süden

Der Schild ist ein unscheinbares Sternbild und gehört zu den fünf kleinsten am Himmel. 1690 hat ihn der Astronom Johannes Hevelius als Sternbild eingeführt. Er wollte damit den polnischen König Jan III. Sobieski ehren.

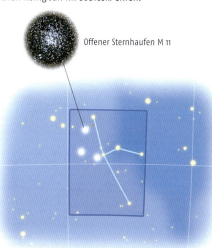

Offener Sternhaufen M 11

Schlange
Juni: Westen

Die Schlange ist am sommerlichen Abendhimmel zu sehen. Da sie kaum helle Sterne enthält, fällt sie nur wenig auf. Sie ist das einzige zweigeteilte Sternbild des Himmels: Es gibt Kopf und Schwanz.

Kopf

Schwanz

Kugelsternhaufen M 5

Eidechse
Juli: Norden

Die Eidechse ist weitgehend zirkumpolar, lässt sich also das ganze Jahr über beobachten. Das unscheinbare Sternbild wurde erst gegen Ende des 17. Jahrhunderts von dem polnischen Astronomen Johannes Hevelius an den Himmel gesetzt.

Offener Sternhaufen NGC 7243

Figur beschreibt eine Zickzacklinie.

Schwan
Juli: Osten

Der Schwan ist ein großes Sommersternbild, das in vielen frühen Kulturen als Vogel interpretiert wurde. In der griechischen Sage verwandelt sich Zeus in einen Schwan, um Leda, die Königin von Sparta, zu verführen.

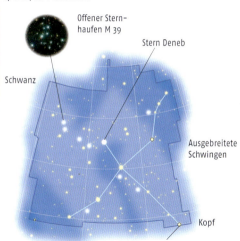

Offener Sternhaufen M 39

Stern Deneb

Schwanz

Ausgebreitete Schwingen

Kopf

Doppelstern Albireo

Füchschen
Juli: Süden

Das Füchschen ist ein unscheinbares, aber relativ weitläufiges Sternbild südlich des Schwans. Berühmt ist es wegen des Hantel-Nebels, einem Planetarischen Nebel, der bereits mit dem Fernglas zu erkennen ist.

Planetarischer Nebel M 27
(Hantel-Nebel)

Fünf lichtschwache Sterne bilden eine Zickzacklinie.

Schlangenträger
Juli: Westen

Der Schlangenträger gehört zu den großen Sternbildern und enthält einige helle und mittelhelle Sterne. Er teilt die Schlange in zwei Bereiche. Die Figur des Sternbilds erinnert ein bisschen an die des Fuhrmanns.

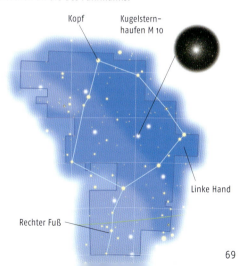

Kopf

Kugelsternhaufen M 10

Linke Hand

Rechter Fuß

Kassiopeia
August: Norden

Die Kassiopeia ist ein markantes Sternbild, das an den Buchstaben W erinnert. Für weite Teile Europas ist sie zirkumpolar. In der griechischen Sage ist Kassiopeia die Königin von Äthiopien, die Frau von Kepheus.

Offener Sternhaufen M 52

Stern Schedar

W-förmige Figur aus fünf helleren Sternen

Pegasus
August: Osten

Der Pegasus ist ein Herbststernbild. Er stellt ein geflügeltes Pferd dar, das kopfüber am Himmel steht: Der Stern Enif bildet die Nase, die vier trapezförmig angeordneten Sterne stellen den Rumpf des Tieres dar.

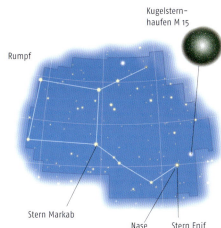

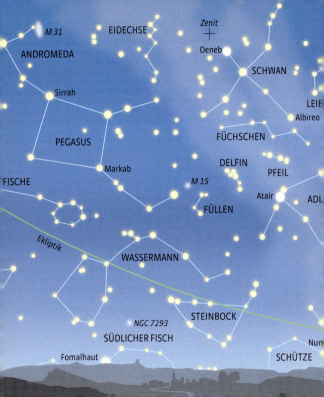

Steinbock
August: Süden

Der Steinbock ist ein Tierkreissternbild, seine Sterne sind relativ schwach. In der griechischen Mythologie stellt er den ziegenköpfigen Gott Pan dar. Pan sprang auf der Flucht in einen Fluss, wobei sich seine untere Körperhälfte in einen Fisch verwandelte.

Einprägsame Figur, die an ein »verbeultes« Dreieck erinnert.

Doppelstern Algedi

Kugelsternhaufen M 30

Adler
August: Westen

Der Adler ist ein Sommersternbild und fällt vor allem wegen Atair auf, der zu den 20 hellsten Sternen des Himmels gehört. In der griechischen Sage hat der Adler Ganymed (den Wassermann, s. S. 91) entführt und zum Olymp gebracht.

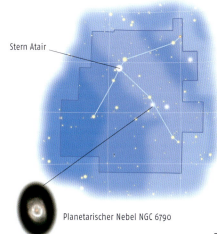

Stern Atair

Planetarischer Nebel NGC 6790

Dreieck
September: Norden

Das Dreieck ist vor allem für die Spiralgalaxie M 33 bekannt, ein Nachbar unseres Milchstraßensystems. Das kleine Sternbild enthält keine hellen Sterne. Die Griechen bezeichneten es in der Antike als Trigonon oder Deltoton.

Spiralgalaxie M 33

Dreieckige Figur aus drei mittelhellen Sternen

Widder
September: Osten

Der Widder ist ein kleines Sternbild mit nur zwei helleren Sternen. Er gehört zu den Tierkreissternbildern. In der griechischen Mythologie stellt er den Widder mit dem goldenen Vlies dar, das Jason und die Argonauten suchen.

Auffällige Sternkette

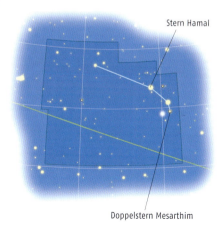

Stern Hamal

Doppelstern Mesarthim

81

Füllen
September: Süden

Das Füllen ist das zweitkleinste Sternbild und enthält nur schwache Sterne. Vermutlich war es bereits Ptolemäus im zweiten Jahrhundert geläufig. Es stellt das Fohlen Celaris dar, den Bruder des geflügelten Pferdes Pegasus.

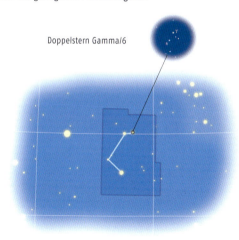

Doppelstern Gamma/6

Pfeil

September: Westen

KLEINER BÄR

Obwohl der Adler nur relativ schwache Sterne enthält, war er bereits in der griechischen Antike bekannt. In einer gängigen mythologischen Deutung schoss Herkules den Pfeil auf den Adler, der täglich an der Leber des an einen Felsen geketteten Prometheus fraß.

Kugelsternhaufen M 71

RINDERHIRTE

Gemma

Einprägsame Figur, aber schwache Sterne

85

Fuhrmann
Oktober: Norden

Beim Fuhrmann handelt es sich um ein großes, auffälliges Sternbild, dessen nördlicher Teil um den hellen Stern Kapella zirkumpolar ist. Kapella ist der sechsthellste Stern des Himmels.

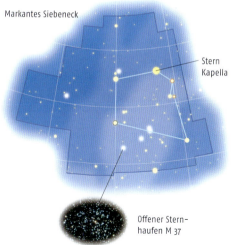

Markantes Siebeneck

Stern Kapella

Offener Sternhaufen M 37

Stier
Oktober: Osten

Der Stier ist ein Tierkreissternbild, vor allem Aldebaran und der Sternhaufen der Plejaden sind sehr auffällig. In der griechischen Mythologie nahm der Göttervater Zeus die Gestalt eines Stiers an, um sich der phönizischen Königstochter Europa zu nähern.

- Enden der Hörner
- Offener Sternhaufen der Plejaden
- Stern Aldebaran
- Offener Sternhaufen der Hyaden

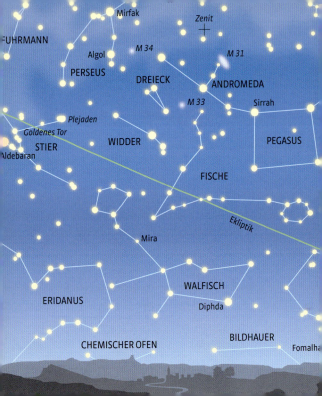

Wassermann
Oktober: Süden

Der Wassermann ist eines der zwölf Tierkreissternbilder. In einer Deutung der griechischen Sagenwelt treibt der Wassermann Deukalion neun Tage und Nächte auf dem Wasser. So überlebt er den Versuch des Göttervaters Zeus, die sündige Menschheit auszulöschen.

Kugelsternhaufen M 2

Die helleren Sterne liegen alle im westlichen Teil.

Stern Sadalmelik

Stern Sadalsud

Helix-Nebel NGC 7293
(Planetarischer Nebel)

91

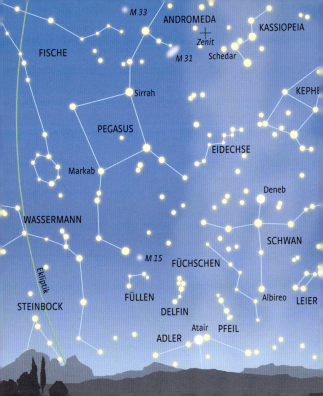

Delfin
Oktober: Westen

Obwohl das Sternbild Delfin recht klein ist und aus schwächeren Sternen besteht, fällt es aufgrund seiner markanten Form am Himmel auf. In der griechischen Mythologie rettet der Delfin den Dichter und Musiker Arion vor dessen rebellierender Schiffsbesatzung.

Planetarischer Nebel
NGC 6905

Rautenförmige Figur

Andromeda
November: Norden

Andromeda weist drei relativ helle Sterne auf, die eine lange Kette bilden. In der griechischen Mythologie wurde die Königstochter Andromeda an einen Felsen gekettet, um einem Meeresungeheuer geopfert zu werden.

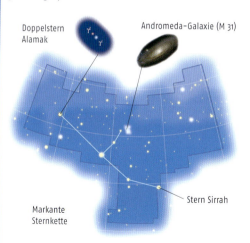

Doppelstern Alamak

Andromeda-Galaxie (M 31)

Stern Sirrah

Markante Sternkette

Zwillinge
November: Osten

Die Zwillinge bestehen aus zwei parallel verlaufenden Sternketten, deren östliche Enden von den beiden hellen Sternen Kastor und Pollux markiert werden. Sie sind ein Tierkreissternbild. Die Zwillinge gelten als Beschützer der Seefahrer.

Offener Sternhaufen M 35

Stern Kastor

Stern Pollux

Zwei parallel verlaufende Sternketten

97

Hase
November: Süden

Der Hase ist ein Wintersternbild zu Füßen des Orions. Er ist bereits seit der Antike bekannt und wird in der Mythologie vom Großen Hund des Jägers Orion über den Himmel gehetzt.

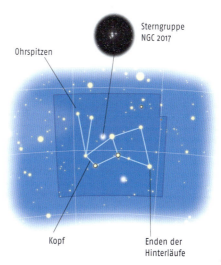

Sirrah

Sterngruppe NGC 2017

Ohrspitzen

Kopf

Enden der Hinterläufe

Fische
November: Westen

Das seit der Antike bekannte Tierkreissternbild stellt zwei Fische dar, die sich an ihren Schwänzen beim Stern Alrescha berühren. Es enthält nur schwächere Sterne, weshalb die Fische am Himmel nicht sehr auffallen.

Spiralgalaxie M 74

Stern Alrescha

Zwei Sternketten, die sich an ihren einen Enden berühren

101

Perseus
Dezember: Norden

Der nördliche Teil des Perseus ist in Mitteleuropa zirkumpolar, also das ganze Jahr zu sehen. In der griechischen Mythologie rettet Perseus die äthiopische Königstochter Andromeda vor einem Meeresungeheuer.

Offene Sternhaufen h+χ
(Doppelhaufen im Perseus)

Stern Mirfak

Veränderlicher
Stern Algol

Caroli
AGDHUNDE

103

Krebs
Dezember: Osten

Die Figur des Krebses erinnert an ein auf dem Kopf stehendes Y, wobei die Enden der beiden Zangen von zwei Sternen markiert werden. Der Krebs gehört zu den Tierkreissternbildern.

Offener Sternhaufen Praesepe (M 44)

Y-förmige Figur

Enden der Zangen

Einhorn
Dezember. Süden

Das Einhorn ist ein unauffälliges Sternbild zwischen Kleinem Hund, Großem Hund und Orion. Es enthält viele Sternhaufen und Gasnebel. Im Jahr 1623 führte der holländische Theologe und Astronom Petrus Plancius das Sternbild ein.

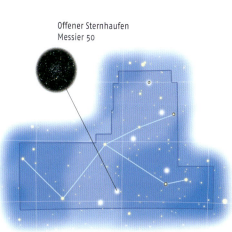

Offener Sternhaufen
Messier 50

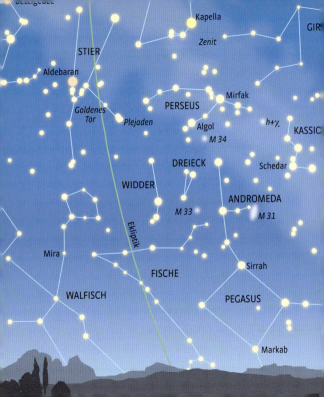

Walfisch
Dezember: Westen

Der Walfisch ist eines der größten Sternbilder am Nachthimmel, aber er enthält nur schwache Sterne. Es handelt sich bei ihm um das Meeresungeheuer, dem die äthiopische Königstochter Andromeda geopfert werden sollte.

Spiralgalaxie M 77

Nase

Schwanzflosse

Veränderlicher Stern Mira

Bauch

109

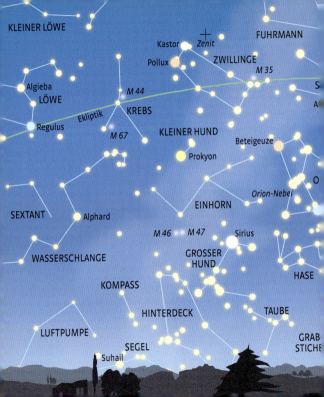

Hinterdeck
Januar in Südeuropa: Süden

Plejaden

Goldenes Tor

An Winterabenden steigt das Hinterdeck noch zum Teil über den mitteleuropäischen Südhorizont. Es gehörte ursprünglich zum Sternbild Schiff Argo, das Nicolas Louis de Lacaille 1763 aufteilte.

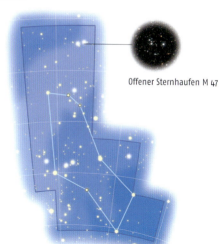

Offener Sternhaufen M 47

ERIDANUS

111

Wasserschlange
März in Südeuropa: Süden

Die Wasserschlange ist am Abendhimmel nur im April und Mai vollständig zu sehen. Sie ist das größte Sternbild, aber nicht besonders auffällig. Nur der Stern Alphard sticht etwas heraus.

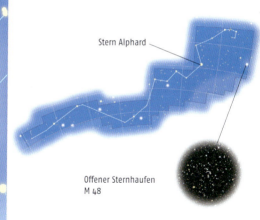

Stern Alphard

Offener Sternhaufen M 48

113

Skorpion

Mai in Südeuropa: Süden

Während mitteleuropäischer Sommerabende steht der Skorpion tief über dem Horizont. Seinen schönsten Teil, den Stachel, kann man erst vom Mittelmeerraum aus richtig bewundern. Der Skorpion ist ein Tierkreissternbild.

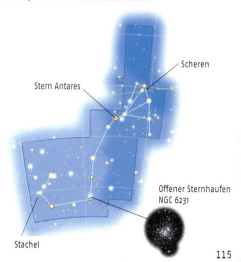

Scheren

Stern Antares

BECHER

Offener Sternhaufen
NGC 6231

Stachel

Schütze

Juli in Südeuropa: Süden

Der Schütze besitzt viele helle Sterne, die von Mitteleuropa aus wegen der geringen Höhe des Sternbilds über dem Horizont nicht voll zur Geltung kommen. Er gehört zu den Tierkreissternbildern.

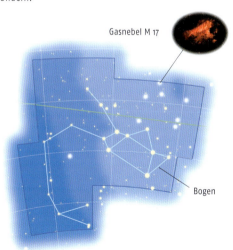

Gasnebel M 17

Bogen

117

Südlicher Fisch

September in Südeuropa: Süden

Der Südliche Fisch ist ein eher unscheinbares Sternbild, enthält aber einen hellen Stern namens Fomalhaut. Das Sternbild war bereits in der griechischen Antike bekannt: ein Fisch, dem der Wassermann (s. S. 91) Wasser ins Maul schüttet.

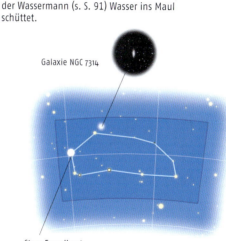

Galaxie NGC 7314

Stern Fomalhaut

119

Fluss Eridanus
November in Südeuropa: Süden

Der Eridanus ist ein Sternbild der Extreme: Er erstreckt sich weit nach Süden und enthält einerseits mit Achernar den neunthellsten Stern des Nachthimmels, andererseits viele schwache Sterne.

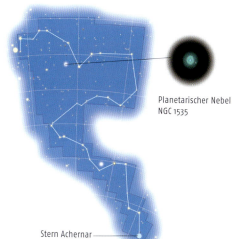

Planetarischer Nebel NGC 1535

Stern Achernar

121

Welche Sternkarte brauche ich wann in Mitteleuropa?

Uhrzeit MEZ	18h	19h	20h	21h	22h	23h	24h	1h	2h	3h	4h	5h	6h	7h
Uhrzeit MESZ	19h	20h	21h	22h	23h	24h	1h	2h	3h	4h	5h	6h	7h	8h
1. Januar		Okt		Nov		Dez		Jan		Feb		Mrz		Apr
15. Januar	Okt		Nov		Dez		Jan		Feb		Mrz		Apr	
1. Februar		Nov		Dez		Jan		Feb		Mrz		Apr		Mai
15. Februar	Nov		Dez		Jan		Feb		Mrz		Apr		Mai	
1. März		Dez		Jan		Feb		Mrz		Apr		Mai		Jun
15. März	Dez		Jan		Feb		Mrz		Apr		Mai		Jun	
1. April		Jan		Feb		Mrz		Apr		Mai		Jun		Jul
15. April	Jan		Feb		Mrz		Apr		Mai		Jun		Jul	
1. Mai		Feb		Mrz		Apr		Mai		Jun		Jul		Aug
15. Mai	Feb		Mrz		Apr		Mai		Jun		Jul		Aug	
1. Juni		Mrz		Apr		Mai		Jun		Jul		Aug		Sep
15. Juni	Mrz		Apr		Mai		Jun		Jul		Aug		Sep	
1. Juli		Apr		Mai		Jun		Jul		Aug		Sep		Okt
15. Juli	Apr		Mai		Jun		Jul		Aug		Sep		Okt	
1. August		Mai		Jun		Jul		Aug		Sep		Okt		Nov
15. August	Mai		Jun		Jul		Aug		Sep		Okt		Nov	
1. September		Jun		Jul		Aug		Sep		Okt		Nov		Dez
15. September	Jun		Jul		Aug		Sep		Okt		Nov		Dez	
1. Oktober		Jul		Aug		Sep		Okt		Nov		Dez		Jan
15. Oktober	Jul		Aug		Sep		Okt		Nov		Dez		Jan	
1. November		Aug		Sep		Okt		Nov		Dez		Jan		Feb
15. November	Aug		Sep		Okt		Nov		Dez		Jan		Feb	
1. Dezember		Sep		Okt		Nov		Dez		Jan		Feb		Mrz
15. Dezember	Sep		Okt		Nov		Dez		Jan		Feb		Mrz	

Bildnachweis

Zeichnungen
Alle Sternkarten und Illustrationen von
Gerhard Weiland/Kosmos.

Fotografien
Digitized Sky Survey: 15, 45, 51, 63, 99, 115, 119;
Mark Emmerich/Sven Melchert: 25 links, 55, 67, 79,
89 rechts, 97, 103, 105; **Hubble-Weltraumteleskop
(ESA/NASA):** 11, 21, 39, 43, 47, 53, 57, 77, 91 rechts;
Bernhard Hubl: 89 links; **Bernd Flach-Wilken/Volker
Wendel** (www.spiegelteam.de): 27, 31, 49, 71, 93,
101; **NOAO:** 19, 25 rechts, 33, 37, 59, 61, 65, 69, 73,
75, 85, 87, 91 links, 107, 109, 111, 113, 117, 121;
Andreas Roerig: 17; **Stefan Seip** (www.astromeeting.de):
2-3, 12-13, 95

Zum Weiterlesen

Vogel, Michael: Welcher Stern ist das?, Kosmos 2007
Das Astronomie-Buch aus der Reihe »Die neuen Kosmos Naturführer«
ist für jeden geeignet, dem das vorliegende Buch gefallen hat und der
mehr wissen möchte. Es enthält alle Sternbilder des Himmels in aus-
führlicher Einzeldarstellung und viele weitere Infos zum Himmelsgeschehen.

Schittenhelm, Klaus: Sterne finden ganz einfach, Kosmos 2005
Ein Wegweiser für die ersten Entdeckungstouren am Sternenhimmel. Die
30 bekanntesten Sternbilder werden auf großen Karten in fotorealis-
tischer Qualität vorgestellt, der Text beschreibt ausführlich, wie man
das jeweilige Sternbild finden kann und erläutert seinen mythologischen Hintergrund.

Keller, Hans-Ulrich: Kosmos Himmelsjahr, Kosmos (erscheint jährlich
im September).
Das beliebte Jahrbuch für Sternfreunde zum Himmelsgeschehen im
Jahreslauf. Für alle geeignet, die auch mal einen Planeten beobachten
möchten oder eine Reise zur nächsten Sonnenfinsternis planen. In
zwölf Monatsthemen erfährt man außerdem viel über die Geheim-
nisse des Universums.

Hahn, Hermann-Michael: Was tut sich am Himmel, Kosmos (erscheint
jährlich im August). Praktisches Jahrbuch für die Jackentasche, das
alle wichtigen Himmelsereignisse in kalendarischer Übersicht enthält.

Impressum

Impressum

Umschlaggestaltung von eStudio Calamar, unter Verwendung einer Aufnahme des Digitized Sky Surveys. Das Bild zeigt den Sternhaufen der Plejaden.

Das Bild auf Seite 2/3 zeigt eine Abendstimmung am Calar Alto Observatorium in Spanien, das Bild auf Seite 12/13 zeigt die Himmelsdrehung über einem Alpenpanorama (beide Aufnahmen Stefan Seip/www.astromeeting.de).

Unser gesamtes lieferbares Programm und viele weitere Informationen zu unseren Büchern, Spielen, Experimentierkästen, DVDs, Autoren und Aktivitäten finden Sie unter **www.kosmos.de**

Gedruckt auf chlorfrei gebleichtem Papier

© 2008 Franckh-Kosmos Verlags-GmbH & Co. KG, Stuttgart
Alle Rechte vorbehalten
ISBN: 978-3-440-11386-8
Projektleitung/Lektorat: Sven Melchert
Produktion: Barbara Kiesewetter
Grundlayout: eStudio Calamar
Printed in Italy/Imprimé en Italie

Neue Seiten der

Welcher Baum ist das?
978-3-440-10794-2

Welche Blume ist das?
978-3-440-10795-9

Welcher Pilz ist das?
978-3-440-10797-3

- Kompakt, übersichtlich und umfangreich
- Ideal für unterwegs – handlich und mit praktischer Plastikhülle

www.kosmos.de

KOSMOS

Natur entdecken

Welcher Vogel ist das?
978-3-440-10796-6

Welche Heilpflanze ist das?
978-3-440-10798-0

Welcher Stern ist das?
978-3-440-10889-5

- Extra: Die wichtigsten Arten zum Download auf Smartphone oder MDA

Jeder Band mit 256–320 Seiten, ca. 1800–2200 Fotos und Zeichnungen
Je € 9,95; €/A 10,30; sFr 19,10 (Preisänderungen vorbehalten)

KOSMOS-Wissen

Haag/Walentowitz
**Mein erstes
Was fliegt denn da?**
ISBN 978-3-440-09560-7

■ Die 50 wichtigsten
  Vogelarten kennen lernen:
  von Amsel bis Zaunkönig

Ursula Stichmann-Marny
**Mein erstes
Was blüht denn da?**
ISBN 978-3-440-10500-9

■ Der kindgerechte Natur-
  führer mit den 50 wichtigsten
  einheimischen Blumen

www.kosmos.de